Ernst Bruckmüller
Symbole österreichischer Identität
zwischen »Kakanien« und »Europa«

Wiener Vorlesungen im Rathaus

Band 59
Herausgegeben für die Abteilung
Stadtentwicklung und Stadtplanung
von Hubert Christian Ehalt

Vortrag im Wiener Rathaus
am 11. Mai 1995

Ernst Bruckmüller

Symbole österreichischer Identität zwischen »Kakanien« und »Europa«

Mit einem Vorwort von Hubert Christian Ehalt

Picus Verlag Wien

Graphische Gestaltung: Dorothea Löcker, Wien
Druck und Verarbeitung:
Druckerei Theiss GmbH, Wolfsberg
ISBN 3-85452-359-9

Die große Resonanz, die der Vortrag des renommierten deutschen Soziologen Prof. René König Anfang des Jahres 1987 im Wiener Rathaus bei einem sehr großen Publikum hatte, inspirierte die Idee einer Vorlesungsreihe im Rathaus zu den großen Problemen und Überlebensfragen der Menschen am Ausgang des 20. Jahrhunderts. Der damalige Bürgermeister Dr. Helmut Zilk förderte die Initiierung, Etablierung und Entfaltung dieser Vorlesungsreihe nachhaltig, Kulturstadtrat Franz Mrkvicka nahm die Idee bereitwillig auf. Im Oktober 1987 übernahm Dr. Ursula Pasterk die Leitung des Kulturressorts der Stadt Wien. Unter ihrer Amtsführung und unter jener von Bürgermeister Dr. Helmut Zilk und dessen Nachfolger Dr. Michael Häupl wurden die Wiener Vorlesungen zur größten Stadtvorlesung, die es derzeit international gibt. Planung und Organisation der Wiener Vorlesungen lagen vom Beginn an beim Wissenschaftsreferat der Kulturabteilung der Stadt Wien, in dem Hubert Christian Ehalt und Susanne Strobl für diese Initiative verantwortlich zeichnen. Nach der Landtags- und Gemeinderatswahl im Herbst 1996 wurde im Zuge einer neuen Geschäftseinteilung das Aufgabenfeld des Wissenschaftsreferates der Kulturabteilung der Stadt Wien auf Wunsch von Vizebürgermeister Dr. Bernhard Görg als Gruppe

Wissenschaft in dessen Geschäftsgruppe Planung und Zukunft transferiert. Dr. Bernhard Görg möchte im Hinblick auf die große Bedeutung von Innovation für eine gedeihliche Gesellschaftsentwicklung dem Bereich der Wissenschaft eine besondere Stellung in seinem Ressort zuordnen, und mißt dabei den Wiener Vorlesungen eine besondere Bedeutung zu.

Bisher waren an die 600 ReferentInnen aus allen Kontinenten zu Gast. Unter den Vortragenden finden sich die Namen von Marie Albu-Jahoda, Ulrich Beck, Bruno Bettelheim, Ernesto Cardenal, Carl Djerassi, Marion Dönhoff, Manfred Eigen, Viktor Frankl, Vilém Flusser, Peter Gay, Maurice Godelier, Ernst Gombrich, Michail Gorbatschow, Tamara K. Hareven, Jeanne Hersch, Eric J. Hobsbawm, Ivan Illich, Otto F. Kernberg, Václav Klaus, Ruth Klüger, Teddy Kollek, Kardinal Franz König, Bischof Erwin Kräutler, Bruno Kreisky, Jost Krippendorf, Gudula Linck, Viktor Matejka, Adam Michnik, Max F. Perutz, Hans Pestalozzi, Uta Ranke-Heinemann, Eva Reich, Marcel Reich-Ranicki, Horst-Eberhard Richter, Erwin Ringel, Carl E. Schorske, Margarethe Schütte-Lihotzky, Edward Shorter, Hans Strotzka, Paul Watzlawick, George Weidenfeld, Harry Zohn u. a.

Vorwort

Die Identität von Individuen, Gruppen und größeren Sozialgebilden wurde in der Geschichte wesentlich durch Symbole und symbolische Interaktionen zum Ausdruck gebracht, gefestigt und tradiert. Wenn man sich mit Fragen der nationalen Identität beschäftigt, muß man sich vor allem auch mit den Symbolwelten, ihren Strukturen, ihren Inhalten und Veränderungen auseinandersetzen.

In den österreichischen Kultur-, Gesellschafts- und Geisteswissenschaften ist in den letzten zehn Jahren insbesondere unter dem Einfluß französischer, englischer, amerikanischer und italienischer Forschungen das Interesse an einer Thematisierung des Menschen aus der Perspektive einer historischen Anthropologie gewachsen. Forschungen über den Menschen unter diesem Aspekt gehen von einem umfassenden Kulturbegriff, der sich für die Handlungs- und Lebensfelder der Menschen und für ihre Wahrnehmungsformen, Rituale und Mentalitäten interessiert, aus.

In der Sozialgeschichte wurde der Stellenwert von Symbolen und symbolischem Handeln im Alltagsleben vernachlässigt. Die Analyse von Ritualen, Bräuchen und symbolischen Handlungen schafft jedoch einen wichtigen Zugang zu der »Innenseite« von Gesellschaften. Aktuelle kulturwissenschaftliche Forschungen interpretieren soziale Interaktionen und deren symbolisches Umfeld wesentlich auch in deren eigenen Normen und begrifflichen Kategorien. So entstehen Grundlagen, die einen interkulturellen Vergleich erst sinnvoll und möglich machen.

Es ist zu vermuten, daß Rituale und Symbole in Zeiten der politischen, sozialen und kulturellen Kontinuität weder im Hinblick auf ihre Existenz, noch auf ihre Funktionalität besonders deutlich wahrgenommen werden. In Zeiten eines politischen und kulturellen Umbruches wird diese Bedeutung symbolischer Formen viel deutlicher sichtbar. Mit gutem Grund und sicherem Instinkt richteten sich Revolutionen in ihren Anfangsphasen gegen Symbole der verhaßten und bekämpften Herrschaft, und sie agitierten zugleich mit Gegensymbolen. Man denke an die weiten Hosen der Jakobiner, die Sansculottes, an den Bundschuh der revoltierenden Bauern, an die Kalabreser der Revolutionäre von 1848 oder an die Kritik der Studentenbewegung von 1968 an den Talaren der akademischen Würdenträger.

Die große Bedeutung, die Symbolen zugemessen wird, legt den Kulturwissenschaften nahe, sich mit ihrer Bedeutung und Funktion auseinanderzusetzen.

Für den Kulturphilosophen Cassirer, der vom Menschen als »animal symbolikon« gesprochen hat, gibt es keinen Zweifel darüber, daß ein großer Anteil menschlichen Wissens in Bildern gewußt wird. Eine Verengung des Wissensbegriffes auf diskursive Begrifflichkeit kann er nicht billigen. Cassirer vertritt die Auffassung, daß Bewußtsein und Sein, Geistiges und Sinnliches nicht voneinander abgesonderten Bereichen angehören, sondern daß sie Pole einer dynamischen Wechselwirkung sind. Das Symbol läßt daher die Wahrnehmung von sinnlicher Form und Sinngehalt in einem ungeteilten Wahrnehmungsakt zu.

Anhand der österreichischen Geschichte der letzten 100 Jahre läßt sich der Zusammenhang von Symbol- und Gesellschaftsgeschichte sehr deutlich darstellen. Die österreichische Geschichte wurde in ihrer Entwicklung von Kakanien bis zur Europäischen Union durch viele massive Zäsuren strukturiert. Die Analyse der Symbolgeschichte zeichnet den Ablauf wichtiger Phasen der politischen Geschichte, der Sozial- und der Kunstgeschichte nach und stellt auch eine Verbindung zwischen der auf die Analyse von Ereigniszusammenhängen konzentrierten Geschichtsforschung und einer Geschichtswissenschaft her, die sich für alltägliche Lebens- und Handlungsformen, für Wahrnehmungsweisen und Mentalitäten interessiert.

Der vorliegende Text von Ernst Bruckmüller bietet somit wichtige Materialien und Impulse für eine Geschichte der österreichischen Mentalitäten im Spiegel ihrer Symbolwelten. Die interdisziplinäre Analyse von Symbolen zerstört deren oft irrationalen auratischen Wirkungszusammenhang, sie drängt emotionale Mechanismen zurück, schafft ein Klima für rationale Zugänge und Bewältigungen und bildet somit auch eine wichtige Grundlage für eine humane Welt heute und morgen.

Hubert Christian Ehalt

Symbole österreichischer Identität zwischen »Kakanien« und »Europa«

1. DIE MACHT DER SYMBOLE

Die Identität von Großgruppen, von Nationen oder Völkern wurde und wird in bestimmten Symbolen versinnbildlicht, tradiert und gestärkt.[1] In Symbolen verdichtet sich das Zusammengehörigkeitsbewußtsein einer sozialen Gruppe. Sie schaffen Dazugehörigkeit und Ausgrenzung. Symbole erregen Emotionen – sie lassen den Blutdruck steigen und Herzen höher schlagen; sie können Zustimmung, Ablehnung und Haß hervorrufen. Symbole sind zur Kennzeichnung von Gruppen umso weniger entbehrlich, je größer die Gruppe ist und je weniger sie durch direkte und ständige Kommunikation Gemeinsamkeit erfahren kann.

Solcher Symbole gibt es viele. Keine *Farbe* oder Farbkombination, kein *graphisches Zeichen,* aber auch keine *Blume,* kein *Baum,* kein *Berg,* nicht einmal ein *Kleidungsstück* (wie die phrygische Mütze der Jakobiner!) ist davor gefeit, zu Symbol, Merkmal und Kennzeichen einer menschlichen Gruppe erkoren zu werden. »Germanische« Eichen, »slawische« Linden, »deutsche« Kornblumen und »schweizerische« Alphörner mögen hier beispielhaft genannt werden. Auch *Personen* können zu Symbolfiguren werden – Herrscher, Dichter, Freiheitshelden, Maler, Musiker und Baukünstler bevölkern beispielsweise die verschiedenen Banknoten und ordnen sie auf diese Weise ein und zu (dabei kann es zuweilen auch Mehrfachzuordnungen geben: Der »Österreicher« *Josef Ressel*, der Erfinder der Schiffsschraube, steht als »Tscheche« im Pantheon des Prager Nationalmuseums).[2]

Aber auch völlig *abstrakte Begriffe* können Symbolcharakter annehmen: So erging es etwa der 1955 erklärten immerwährenden *Neutralität* Österreichs, die zweifellos zu einem Symbol der zweiten Republik geworden ist. *Wappen, Fahnen, Uniformen* und *Hymnen* gehören zum Standardrepertoire von größeren menschlichen Gruppen – von Vereinen bis hin zu Staaten und Nationen. Diese letzteren vier Symbolarten zusammen ergeben die *Staatssymbolik,* sie hat als Spezialfall der Symbolik gesellschaftlicher Gruppen geradezu verpflichtenden Charakter angenommen – ohne diese vier Symbolgruppen kein ordentlicher Staat.

Die Staatssymbolik entstand mit dem Staat der Neuzeit. In aller Regel erwuchs die Staatssymbolik aus dem Wappen des jeweiligen Herrscherhauses oder eines zentralen Landes des jeweiligen Herrscherhauses; die Farben der Fahnen wurden zumeist aus dem Wappen abgeleitet. Uniformen kamen dazu, erst verhältnismäßig spät auch die Hymnen.

2. KONTINUITÄT UND BRÜCHE IN DER ÖSTERREICHISCHEN STAATSSYMBOLIK

Traditionsreiche Symbole sind die *Kronen*. Man denke nur an die bis heute ungebrochene Symbolkraft der ungarischen Stefanskrone, der böhmischen Wenzelskrone oder der englischen, immer noch »aktiven« crown in parliament. In der Schatzkammer in Wien befinden sich gleich zwei historisch und künstlerisch hochbedeutsame Kronen (die sogenannte »Bocskai-Krone« lassen wir dabei außer Betracht): Die Krone des Heiligen Römischen Reiches und die österreichische Haus- oder Kaiserkrone. Selbstverständlich ist die besonders ehrwürdige sogenannte »römische« Kaiserkrone kein »österreichisches« Symbol. Es ist eher ein historischer, wenngleich in sich durchaus sinnvoller Zufall, daß diese Krone beim Ende des alten Reiches, 1806, im Besitz der letzten römisch-deutschen Kaiser, der Habsburger war (bis 1796 befand sich die Krone in Nürnberg und ist dann vor den vordringenden französischen Truppen über Regensburg nach Wien gebracht worden).[3] Während mit dieser nun einmal auch in Österreich befindlichen Krone zahlreiche Kaiser gekrönt wurden, verhält es sich mit der österreichischen Krone, der Krone *Rudolfs II.*, anders. Niemals wurde mit diesem Symbol des Hauses Österreich jemand gekrönt – trotz der schönen Bilder von *Kaiser Franz I.* im Krönungsornat. Diese Krone ist daher eher ein Symbol der unvollendeten Staatlichkeit der Habsburger als ein Symbol des österreichischen

Kaisertums – obwohl sie im letzten Jahrhundert der Monarchie auch in zahlreichen Abbildungen, im Figurenschmuck usw. einen bedeutenden Platz erhielt.[4] Die Krone des Landes, des Herzogtums oder Erzherzogtums Österreich ist aber der österreichische Erzherzogshut – nicht das Signum eines Markgrafen (damit wird der heilige *Leopold* ja immer dargestellt), sondern das Signum eines Erzherzogs von Österreich. Da es drei Erzherzogshüte gibt (je einen in Klosterneuburg, in Mariastein in Tirol und in Graz) versinnbildlichen diese Kronen freilich mehr die habsburgische Dreiteilung von 1564 bis 1620 und die habsburgischen Teilstaaten als die einzelnen darin aufgehobenen Länder. Aber der Klosterneuburger Erzherzogshut diente als Kronensymbol bei der Huldigung der Landstände des Landes unter der Enns (heute Niederösterreich) und gilt daher nicht zu Unrecht als Landessymbol Niederösterreichs – nicht jedoch der Republik Österreich.[5]

Als *das* Staatssymbol der Habsburgermonarchie schlechthin gilt der *Doppeladler.* Dieses eigentümliche Wappentier begegnet in verschiedenen Kulturen und zuletzt – vor seiner Einbürgerung in Europa – in Konstantinopel. Von dort wanderte der Doppeladler zu den Russen, Serben und Albanern, wo er auch in den jüngsthin restaurierten Wappenbildern fröhliche Urständ' feiert. Seit dem 15. Jahrhundert wurde der Doppeladler auch als kaiserliches Wappen im Westen verwendet, im »Heiligen Römischen Reich«. Kaiser *Sigismund von Luxemburg* (†1437) hat den Doppeladler als erster gebraucht; unter *Friedrich III.* ist er als kaiserliches Emblem schon vertraut, der Kaiser verlieh den Doppeladler als besonderen Gunsterweis auch diversen Städten für ihre Wappen (Wien, Krems). Es wird in dieser Zeit allerdings noch sehr genau unterschieden zwischen dem Wappen des römischen Königs (einköpfiger Adler) und jenem des Kaisers (Doppeladler). Daher hat der Adler *Ferdinands I.* über dem Schweizertor in der Wiener Hofburg auch nur einen Kopf: *Ferdinand* war damals – als Stellvertreter seines Bruders *Karl V.* – König von Ungarn, Böhmen und »Germanien«, nicht Kaiser. Als Herzschild des kaiserlichen Wappens diente seit dem späten 15. Jahrhundert das Familienwappen des kaiserlichen Geschlechts. Das war damals in der Regel der rot-weiß-rote Bindenschild von »Alt-Österreich«, zuweilen verbunden mit dem Fünf-Adler-Wappen (blaue Adler auf goldenem Grund – heute Niederösterreich) von »Neu-Österreich«. Das Wappen-Symbol der Habsburger war also identisch mit den beiden Symbolen für das Land Österreich. Seit *Maximilians* burgundischer Heirat wurde gerne »Österreich« mit »Burgund« kombiniert (schräge blau-gelbe Streifen). Seit der spanischen Hochzeit konnten auch die Wappen von Kastilien und Aragon (usw.) hier Eingang finden – doch war die Brust des Doppeladlers für solche hybriden Anhäufungen in der Regel zu klein. Oft begnügte man sich mit einem noch heute an gewissen älteren Amtsgebäuden sichtbaren Doppeladler mit rot-weiß-rotem Herzschild. Mit diesem Emblem wurde schon *Maximilian I.* von *Albrecht Dürer* gemalt (das Bild befindet sich im Wiener Kunsthistorischen Museum); diese Kombination war bis in den Vormärz hinein in Gebrauch. Faktisch war dieses Wappen schon eine Art von subsidiärem Staatswappen für den Staat, den es (bis 1804) formal noch gar nicht gegeben hat. Unter *Karl VI.* wurde daneben auch »Kastilien« verwendet (etwa auf dem Reichskanzleitrakt in der Wiener Hofburg) – das war der Rest des spanischen Traumes dieses Herrschers. Als Anspruchswappen durften diese spanischen (und andere, etwa Jerusalem) auch weiterhin geführt werden, weshalb das »große« Wappen von 1836 eine kaum entschlüsselbare Vielfalt von Wappen enthält, die zum Teil direkte und reale Habsburgerherrschaft ausdrücken (Böhmen, Ungarn, Illyrien usw.), zum Teil aber nur historische Reminiszenzen (und nicht einmal mehr »Ansprüche«, wie Jerusalem, Kastilien, Aragon usw.) Der Doppeladler erwies sich als praktisches und variables Wappentier: Man konnte ihn etwa auch mit dem böhmischen Löwen als Herzschild versehen, eine immer wieder gebrauchte Variante, um kaiserliche Herrschaft in Böhmen zu versinnbildlichen. – Erst 1836 wurde die dann späterhin so dominante Form gewählt, die dem Doppeladler einen dreifach geteilten Herzschild mit den Wappen von Habsburg (Löwe), Österreich (Bindenschild) und Lothringen (drei schräg aufsteigende Adler) implantierte. Dieses Wappen diente als »kleines« Staatswappen des Kaisertums Österreich und nach dem Ausgleich auch als »kleines Wappen« des »diesseitigen« Staates, obgleich man gemeinhin auch die Gesamtmonarchie mit ihm verbinden konnte. Erst 1915 wurde dann jene Lösung gefunden, die symbolisch die volle Gleichberechtigung der beiden Teilstaaten zum Ausdruck brachte (und den Doppeladler allein der diesseitigen Reichshälfte, also »Österreich« zuschob): Das ungarische und das kaiserlich-österreichische Wappen nur verbunden durch das habsburgische Familienwappen. Im »kleinen« Wappen von Österreich 1915 führte der Doppeladler allerdings (wieder) nur mehr den rot-weiß-roten Bindenschild als Herzschild – das im Zentrum kaum, an den Köpfen und »Waffen« stark veränderte Tier sollte später auch der Republik als Symbol dienen.[6]

3. KAKANIEN UND SEINE SYMBOLE

Ein zentrales (bauliches) Symbol des alten und (auch wieder) des neuen Österreich ist der Stefansdom in Wien. *St. Stefan* wurde schon von *Rudolf dem Stifter* als zentrales Heiligtum seiner »Hauptstadt« geplant,[7] wofür unter anderem die Übertragung des »Kolomanssteins« (eines Steines, der sich ursprünglich in Stockerau befand und über den das Blut des heiligen Märtyrers *Koloman* geflossen sein soll) in die neue Kirche spricht, ferner die Größe, die künstlerische Ausstattung, die Funktion als Grablege für Mitglieder des Herrschergeschlechts *(Rudolf IV.* selbst, *Friedrich III.*) und für andere bedeutende Persönlichkeiten (etwa *Prinz Eugen* in der Tirna-Kapelle). Auch neuere Umfragen bestätigen, daß der Stefansdom als wichtigstes Symbol Wiens (und wohl nicht nur Wiens) gesehen wird.[8] Zweimal wurde auch später noch versucht, über Sakralbauten symbolisch die Legitimität habsburgischer Herrschaft, aber diesmal als Herrschaft nicht nur über das »Land« oder die »Herrschaft« zu Österreich, sondern als Herrschaft über den ganzen Bereich der »Monarchia Austriaca» oder des Kaisertums Österreich, zu untermauern. Es war dies der Bau der *Karlskirche* und der *Votivkirche*.[9] Mit der Karlskirche, die *Karls VI.* Namenspatron *Karl Borromäus* geweiht ist, sollte eine Art Staatsheiligtum des Barock entstehen, mit zahlreichen ikonographischen Querbezügen zu Rom (Kaisertum!), finanziert durch Spenden der Stände aller Königreiche und Länder der Habsburger. Um die überregionale Bedeutung dieses Sakralbaus zu unterstreichen, wurde ein ungarischer Bischof zur Weihe herangezogen, die Betreuung wurde hingegen einem in Prag ansässigen Orden übertragen.[10] Die Votivkirche hingegen, erbaut anläßlich der Rettung des jungen Kaisers *Franz Joseph* vor einem Attentat, war der letzte Versuch, ein Reichsheiligtum zu errichten. Das hier geplante Pantheon österreichischer Heroen kam freilich nicht mehr wirklich zustande – nur die Übertragung des Grabes des Türkenkämpfers von 1529, *Niklas Salm*, erinnert noch daran. Der Wappenschmuck im Inneren (mit den Wappen aller habsburgischen Kronländer) ebenso wie die Figuren der Landespatrone aller habsburgischen Königreiche und Länder (über den beiden das Haupttor flankierenden Eingängen) verweisen ebenfalls noch auf die Intentionen des 19. Jahrhunderts.[11] Aber die Votivkirche wurde zwar als Kirchenbau vollendet (erst 1879, nach der Grundsteinlegung 1856), die geplante »Ruhmeshalle der Geschichte Österreichs« wurde jedoch nicht mehr daraus. Die symbolische Integrationskraft von Kirche und Kaiserhaus erscheint hier – ebenso symbolisch – bereits erschöpft. Eine alle Völker der Monarchie übergreifende gemeinsame Symbolik war, außerhalb der Person des Monarchen selbst, kaum mehr zu finden.

Gehen wir zeitlich wieder ein Stück zurück. In der österreichischen Geschichte haben bekanntlich die *Gegenreformation, der Katholizismus und die Habsburger* über regionale und ständische Revolten und Revolutionen gesiegt. Diese siegreiche historische Konstellation hat sich selbst ein wunderbares Denkmal gesetzt – die *Pestsäule* auf dem Graben. Aber dieses Votivbild zum Dank für das Ende einer Pestepidemie ist viel mehr als ein Symbol der Verbindung von Herrscherhaus und katholischem Glauben. Es repräsentiert nicht nur gegenreformatorischen Katholizismus, sondern stellt auch eine Staatstheorie der österreichischen Monarchie dar. So wie an der Spitze der Säule die heilige Dreifaltigkeit die Sphäre der Göttlichkeit repräsentiert, so an der Basis die Wappengruppen der drei Ländergruppen der Habsburger ihre irdische (erbliche, zum Unterschied vom Kaisertum!) Herrschaft. Die Wappen der böhmischen Länder, Ungarns und der österreichischen Länder zeigen eine irdische Dreifaltigkeit der Erbkönigreiche und Länder.[12]

Gegenüber dieser Dreifaltigkeit der habsburgischen Ländergruppen bedeutete der Zentralismus seit *Maria Theresia* und *Joseph II.* einen Sündenfall. Freilich war dieser Sündenfall nicht ein einfacher Zentralismus: Ungarn wurde davon viel schwächer erfaßt als die böhmischen Länder. Das hat sich im wesentlichen schon unter *Maria Theresia* vollzogen und wurde nach dem Scheitern des Neo-Absolutismus, als man für kurze Zeit versucht hatte, auch Ungarn in diesen Staat einzubeziehen, 1867 im sogenannten »Ausgleich« anerkannt. Nun ist aber für jeden auch nur oberflächlichen Kenner von Prag evident, daß diese mit hoher sakraler Zentralität ausgestattete Metropole nicht dasselbe ist wie eine österreichische Landeshauptstadt, wie etwa Innsbruck oder Klagenfurt. Die Zurückstufung auf genau diesen Rang war ein zentraler Schmerz des entstehenden tschechischen Nationalbewußtseins und hat die Legitimation der Habsburger in Böhmen zwar nicht beseitigt, aber doch erschüttert.

Zeitgleich mit dieser Nivellierung der einzelnen Länder und Ländergruppen zu »Provinzen« – und das bedeutet auch: zeitgleich mit erheblichen Irritationen überkommener, traditioneller Loyalitäten – sah sich »Österreich« mit einer neuen Herausforderung konfrontiert. Die altertümliche Monarchie der Habsburger trat in Konkurrenz zum revolutionären Frankreich. Gleichzeitig wurde durch Aufklärung und katholische Reform die Überzeugungs- und Legitimationskraft des gegenreformatorischen Katholizismus erschüttert. Die »französische Lösung« einer Verlegung der Legitimität des

Staatswesens und seiner Herrschaftsordnung in das Staatsvolk war zunächst weder möglich noch erwünscht. Aber das entstehende Staatswesen mußte langsam ein Staatsbewußtsein bei seinen Bewohnern, die ja nun ihrerseits gerade von »Staatsuntertanen« zu »Staatsbürgern« (der Begriff begegnet uns seit *Joseph II.*) wurden, entwickeln. Eine Aufforderung zur Identifikation mit gemeinsamen überregionalen Symbolen war notwendig. Aber wer anderer als der absolute (wenngleich zuweilen durchaus reformfreudige) Monarch konnte diese Symbolfigur sein? *Joseph II.* und *Franz (II.) I.* repräsentieren genau dieses Problem. Die Vollendung der habsburgischen Staatsbildung mußte freilich am massiven Widerstand des ungarischen Landtags und der Komitate scheitern – die Ungarn konnten niemals wirklich in den »österreichischen« Staat eingegliedert werden.

An die Stelle der Heiligenstatuen, Kirchen, Kapellen und Bildstöcke treten nunmehr die *säkularisierten Denkmäler* – spät, in diesem so stark katholisch geprägten Land, im Vergleich mit anderen Gegenden Europas.

Die *Denkmäler für Joseph II.*[13] und *Franz (II.) I.*[14] auf dem Josefsplatz und in der Burg repräsentieren eine Entwicklungsstufe, auf der bereits der Herrscher selbst die Stellung der Gottheit (an der Spitze des Denkmals) eingenommen hat, freilich nicht als Gott, sondern im Äußeren der römischen Imperatoren, wie es der klassizistische Geschmack der Zeit erheischte. Aber das 19. Jahrhundert bringt, gemeinsam mit *Staats- und Nationsbildung,* auch schon symbolische Figuren, Allegorien von Staaten und Nationen auf den Denkmalspunkt: Die Nation wird zur Gottheit des 19. Jahrhunderts. Freilich: Die *»Austria«* auf der Freyung, ein schönes vormärzliches Symbol, von den großen Flüssen der damaligen Monarchie, Elbe, Weichsel, Donau und Po, umgeben, symbolisiert die Einheit der Habsburgermonarchie, aber diese Einheit wurde zu keiner »nationalen«, und sie war in gewisser Hinsicht doch nur eine scheinbare: Während man außerhalb Ungarns absolutistisch regierte, mußte man in Ungarn immer wieder die Landtage einberufen, die dann auch schon während des Vormärz eine ausgedehnte Reformdiskussion begannen.[15]

Mit dem Namen *Franz Joseph,* der ja als Zentralist erzogen wurde und der als Sieger über die Revolution von 1848 durchaus nicht friedlich an die Regierung kam, sind die zentralen Phasen der Krise des habsburgisch-österreichischen Bewußtseins verbunden. Daß sich der Kaiser der entstehenden Ringstraße diesen Staat als einen auf militärische Stärke gestützten Einheitsstaat der Dynastie, also als bürokratisch modernisierten, ideologisch aber sehr altertümlichen *Patrimonialstaat* vorstellte, zeigt die *Denkmalslandschaft* des *»Kaiserforums«* im engeren Umfeld der Hofburg ebenso wie zahlreiche andere Denkmäler im Ringstraßenbereich. Immer haben neben den Kronen und den Revolutionen die *siegreichen Kriege* einheitsstiftend gewirkt, in der nachträglichen, symbolischen Interpretation: Die Denkmäler des *Prinzen Eugen*[16], der *Erzherzoge Karl* und *Albrecht*,[17] *Schwarzenbergs*[18] und *Radetzkys* sind beredte Zeugnisse dafür. Nicht nur *Prinz Eugen* und *Erzherzog Karl* fordern als militärische Sieger zur Identifikation auf, sondern auch der *Erzherzog Albrecht*, *Radetzky* (vor dem ehemaligen Kriegsministerium) und *Feldmarschall Schwarzenberg*. Aber nicht nur den großen Schlachtenlenkern ließ *Franz Joseph* ein Denkmal setzen, sondern auch der eigentlichen Staatsgründerin, der bedeutendsten Frau in der Herrscher-Geschichte unserer Heimat, *Maria Theresia.* Sie erhielt das von der Programmatik, von der Größe und von der Situierung eindrucksvollste Denkmal der Ringstraße.[19] Bei ihr stimmt, ebenso wie bei *Franz Joseph* selbst, das bissige Diktum *Robert Musils* aus dem Jahre 1936 nicht, daß Denkmäler nur dazu da seien, um die dargestellten Personen umso leichter vergessen zu können.[20] Nein *Maria Theresia* lebt, neben *Franz Joseph*,[21] bis heute im symbolischen österreichischen Pantheon.

Zum symbolischen Haushalt einer modernen Nation gehören aber nicht nur die Kronen, die Revolutionen, die Kriege, die Helden, die Herrscher, sondern – und dies in zunehmendem Ausmaß – die *bürgerlichen Heroen der Kunst, der Literatur, der Musik, der Wissenschaft* – noch dazu, wo man doch die Kriege der Gegenwart (1859, 1866) gerade verlor.[22] Nun begann das Bürgertum, seine (Geistes-) Helden im Denkmal zu ehren – in den großen künstlerischen Leistungen suchte es seine Identität, auch seine nationale. Selbstverständlich ging auch das nicht ohne Komplikationen ab. Da die Nationswerdung der deutschsprachigen Österreicher in einer Zeit einsetzte, in der die Frage, ob sich (aus dem Deutschen Bund) ein deutscher Nationalstaat mit oder ohne jene bilden würde, noch nicht entschieden war, wirkten in jenem Prozeß mehrere symbolische Identifikationsebenen mit. Der Einfachheit halber können wir hauptsächlich von zwei solchen Ebenen sprechen: von der österreichischen Staatlichkeit (samt Kaiserresidenz Wien) und von der »deutschen« Sprache und Kultur. Die Nationsbildung der bürgerlichen Deutsch-Österreicher verwendete daher die Identifikationsbilder »österreichischer Kaiser« und »deutsche Kultur« – die letztere findet ihren Ausdruck mehr im »deutschen« *Schiller* als im weltbürgerlicheren *Goethe.*[23] Aber auch *Goethe* sollte zum symbolischen Inventar des Gruppenbewußtseins der deutschsprachigen Bürgerlichen Österreichs gehören, nicht nur *Franz Grillparzer*. Dieser, der »vaterländische« Dichter, erhielt dafür ein Denkmal im kaiserlichen Volksgarten, nicht in der »bürgerlichen« Platz-Atmosphäre des offenen Straßenraums – ein sehr klassizistisch wirkendes Denkmal übrigens, wie ja vielleicht überhaupt ein gewisser klassizistischer Habitus die kaiserliche Architektur vom Barock bis zum Neobarock verbindet (von *Karl Kundmann*, Architektur *Hasenauer*, 1889, die Reliefs von *Rudolf Weyr*).[24] Während *Schiller* und *Goethe* für das heutige Selbstbewußtsein der Österreicher keine Bedeutung mehr haben und selbst *Grillparzer* nur mehr selten für das österreichische Selbstbewußtsein beschworen wird, vertreten andere Herren aus der Denkmalslandschaft der Wiener Ringstraße dieses

»Österreich« auch nach heutigen Maßstäben in ganz hervorragender Weise: *Wolfgang A. Mozart* (von *Viktor Tilgner*, seit 1896 auf dem Albertinaplatz, seit 1953 im Burggarten) und *Johann Strauß* (im Stadtpark: *Edmund Hellmer* 1921) – beide sind durchaus auch im Empfinden der heutigen Österreicher für dieses Land bedeutsam, aber genauso auch im Blick von außen (und werden daher auch stets von japanischen und anderen Touristen mit Fotoapparat und Videokamera belagert). Von daher eignet selbst der etwas grellen Vergoldung des *Johann Strauß* eine gewisse innere Folgerichtigkeit.[25] Österreichische Musikfreunde würden wohl auch *Franz Schubert* zu diesen Symbolen Österreichs zählen (von *Karl Kundmann* entworfen steht er im Stadtpark, der auch ein nicht unbedeutender Teil der bürgerlichen Wiener Denkmalslandschaft ist), aber *Schubert* ist weit weniger bekannt als *Mozart* oder *Strauß*, seine symbolische Präsenz daher jedenfalls geringer. Die »Unvollendete«, für viele Österreicher die Verkörperung des »Österreichischen« in der Musik schlechthin, gilt für viele Ausländer gar nicht als »österreichische«, sondern als »deutsche« Musik.[26] Wie bereits darauf hingewiesen, ist die Musilsche Vermutung, daß Denkmäler dazu fungierten, die bedenkmalten Menschen zu vergessen, nur zum Teil richtig. Sie stimmt (unter anderem) nicht bei *Maria Theresia* und bei *Franz Joseph* – aber die beiden leben im kulturellen Gedächtnis wohl aus anderen Gründen fort, nicht wegen ihrer Denkmäler. Zwei der von ihren Denkmälern her bemerkenswertesten Bewohner des Wiener Heldenplatzes, *Erzherzog Karl* und *Prinz Eugen*, Symbole für zwei »Heldenzeitalter«, sind aber in der Tat aus dem modernen kollektiven Gedächtnis der Österreicher weitestgehend verschwunden.

4. NAMENS- UND IDENTITÄTSKRISE – VON KAKANIEN ZUR ERSTEN REPUBLIK

Das Bemühen um die symbolische Präsenz der Helden der habsburgisch-österreichischen Geschichte erleichterte das Problem nicht wirklich. Denn die Herrschaftstheorie der Habsburger stimmte spätestens ab 1867 nicht mehr mit der Wirklichkeit überein, und diese wiederum nicht mehr mit den unterhalb oder neben dieser Wirklichkeit entstehenden Nationalbewegungen der gerade sich als moderne Nationen konstituierenden Sprachgruppen der Monarchie. *Robert Musil* hat dieses Identitätsproblem auf den Punkt gebracht:

»Man tut heute so, als ob der Nationalismus lediglich eine Erfindung der Armeelieferanten wäre, aber man sollte es auch einmal mit einer erweiterten Erklärung versuchen, und zu einer solchen lieferte Kakanien einen wichtigen Beitrag. Die Bewohner dieser kaiserlich und königlichen Doppelmonarchie fanden sich vor eine schwere Aufgabe gestellt; sie hatten sich als kaiserlich und königlich österreichisch-ungarische Patrioten zu fühlen, zugleich aber auch als königlich ungarische oder kaiserlich königlich österreichische. Ihr begreifli-

cher Wahlspruch angesichts solcher Schwierigkeiten war ›Mit vereinten Kräften!‹ Das hieß viribus unitis. Die Österreicher brauchten aber dazu weit größere Kräfte als die Ungarn. Denn die Ungarn waren zuerst und zuletzt nur Ungarn, und bloß nebenbei galten sie bei anderen Leuten, die ihre Sprache nicht verstanden, auch für Österreich-Ungarn; die Österreicher dagegen waren zuerst und ursprünglich nichts und sollten sich nach Ansicht der Oberen gleich als Österreich-Ungarn oder Österreicher-Ungarn fühlen – es gab nicht einmal ein richtiges Wort dafür. Es gab auch Österreich nicht. Die beiden Teile Ungarn und Österreich paßten zu einander wie eine rot-weiß-grüne Jacke zu einer schwarz-gelben Hose; die Jacke war ein Stück für sich, die Hose aber war der Rest eines nicht mehr bestehenden schwarz-gelben Anzugs, der im Jahre achtzehnhundert-siebenundsechzig zertrennt worden war. Die Hose Österreich hieß seither in der amtlichen Sprache ›Die im Reichsrate vertretenen Königreiche und Länder‹, was natürlich gar nichts bedeutete und ein Name aus Namen war, denn auch diese Königreiche, die ganz Shakespeareschen Königreiche Lodomerien und Illyrien gab es längst nicht mehr und hatte es schon damals nicht mehr gegeben, als noch ein ganzer schwarz-gelber Anzug vorhanden war. Fragte man darum einen Österreicher, was er sei, so konnte er natürlich nicht antworten: Ich bin einer aus den im Reichsrate vertretenen Königreichen und Ländern, die es nicht gibt, – und er zog es schon aus diesem Grunde vor, zu sagen: Ich bin ein

Pole, Tscheche, Italiener, Friauler, Ladiner, Slowene, Kroate, Serbe, Slowake, Ruthene oder Wallache, und das war der sogenannte Nationalismus. Man stelle sich ein Eichhörnchen vor, das nicht weiß, ob es ein Eichhorn oder eine Eichkatze ist, ein Wesen, das keinen Begriff von sich hat, so wird man verstehen, daß es unter Umständen vor seinem eigenen Schwanz eine heillose Angst bekommen kann; in einem solchen Verhältnis zu einander befanden sich aber die Kakanier und betrachteten sich mit dem panischen Schreck von Gliedern, die einander mit vereinten Kräften hindern, etwas zu sein. Seit Bestehen der Erde ist noch kein Wesen an einem Sprachfehler gestorben, aber man muß wohl hinzufügen, der österreichischen und ungarischen österreichisch-ungarischen Doppelmonarchie widerfuhr es trotzdem, daß sie an ihrer Unaussprechlichkeit zugrunde gegangen ist ...«[27]

Graf Leinsdorf, die Zentralfigur der »Parallelaktion«, hat überdies im Umgang mit den »Stämmen« oder »Nationalitäten« noch ganz auf die alterprobten Methoden gesetzt: *»... am besten eine weise Mischung aus kluger Nachgiebigkeit und strafender Milde ...«* Kakanien blieb eben ein patriarchalischer Staat. Und auch der altösterreichische Patriotismus blieb dementsprechend, wie das mein verehrter Lehrer *Alfred Hoffmann* einmal ausdrückte, *»gewissermaßen primitiv«*.[28] Damit hatte er ganz recht, denn es war ein Herrscher-Patriotismus, und auch wenn man für die modernen Nationalbewußtheiten und Nationalismen keinerlei Sympathie empfindet, sind sie durch ihre demokratischen Appelle und durch ihre abstrakte Symbolik gegenüber jenem Patriotismus eben das »fortschrittlichere« Prinzip.

Das mehrdeutige symbolische Inventar der Österreicher kam mit dem alten Staat selbst in eine tiefe Krise. Schließlich zerfiel die Monarchie. An ihre Stelle traten die Nachfolgestaaten, unter ihnen die Republik, die sich selbst »Deutsch-Österreich« nennen wollte. Wie sollte die Staatssymbolik, wie sollte der Name der Republik aussehen? Die Staatsgründung der Republik Deutsch-Österreich erreichte ihren ersten Höhepunkt am 30. Oktober 1918. Damals sollte der neue Staat auch ein neues Wappen erhalten. Der revolutionäre Bruch mit der Vergangenheit wurde dabei durch eine vollständige *Abkehr von allen Wappen-Traditionen* angedeutet. Das neue Wappen sollte im Zentrum einen Stadtturm haben, mit geöffnetem Stadttor, in schwarzen Farben, als Symbol für das (Stadt-)Bürgertum. Darüber sollten zwei gekreuzte Hämmer (in Rot) die Arbeiterschaft symbolisieren. Stadtturm (und Hämmer) sollten von einem goldenen Ährenkranz (Symbol für die Bauern) umgeben sein. Die Staatssymbolik sollte die offizielle Anschlußsehnsucht (schwarz – rot – gold) genauso ausdrücken wie die tragenden gesellschaftlichen Schichten: Bauern, Arbeiter und Bürger. Freilich setzte sich dieses Symbol nicht durch. Es gibt auch kaum Abbildungen davon. Wenn uns nicht ein findiger Fabrikant für Verwundeten-Medaillen, der im November 1918 vorschlug, auf der Revers-Seite der Verwundetenmedaille an die Stelle des kaiserlichen Adlers das neue Wappen der Republik zu setzen, dies gleich auch mit einer Vorlage versehen hätte, hätten wir kaum eine Vorstellung davon.[29] Im April 1919 beschloß man schließlich ein neues Staatswappen, das, wiederum als Adler gestaltet, allerdings sehr viel weniger revolutionär ausfiel: Die großdeutsche Sehnsucht ist in der Farbenwahl immer noch erkennbar, aber immerhin hat der Adler jetzt den rot-weiß-roten Bindenschild als Herzschild, die Ständesymbolik blieb, aber in reduzierter Form (Mauerkrone statt Stadtturm, ein Hammer statt zwei, Sichel statt Ährenkranz bzw. Ährenbüschel). Das Gefieder des Adlers erinnert stark an das kleine Staatswappen Österreichs aus dem Jahre 1915 – kein Wunder, der Wappenzeichner war ja derselbe.[30] Hingegen hat man sich bei den *Staatsfarben* mit rot-weiß-rot nicht nur einem Vorschlag des späteren Bundespräsidenten *Miklas* angeschlossen, sondern auch an ältere Fahnen der gleichen Art angeknüpft: So wurde seit *Joseph II.* das rot-weiß-rote Banner als Flagge für die kaiserliche Flotte verwendet und blieb bei den Kriegsschiffen bis 1918 in Verwendung. Diese Farbenkombination wiederum reflektiert den rot-weiß-roten Bindenschild, der als Wappen des Herzogs von Österreich, später des Landes Österreich, wohl seit 1230 in Verwendung war.

Symbolisch besetzt können aber nicht nur Personen, Kronen, Wappen und Farben sein, sondern auch staatsbildende *Umstürze* und *Revolutionen.* Nicht zufällig wurde im Jahre 1922 am Wiener Rathaus eine Tafel für

Martin Siebenbürger angebracht (mit der Unterschrift des Bürgermeisters *Reumann*). Sie erinnert an eine der gar nicht so wenigen gescheiterten Revolutionen in der österreichischen Geschichte. Die *Siebenbürger-Tafel* ruft – um es zu präzisieren – den ständischen Widerstand des 16. und 17. Jahrhunderts gegen den entstehenden habsburgischen Absolutismus ins Gedächtnis.[31] Vor 1918 war ein solches Gedenken wenig erwünscht. Erst die 1918 siegreiche Sozialdemokratie konnte dieses Erinnern benützen, um Teile der Vergangenheit für die Legitimation der (vielleicht wenigstens teilweise revolutionär errungenen) Positionen zu verwenden. – Ansonsten wird der Niederlagen in den ständischen Aufständen eher außerhalb von Wien gedacht – auf dem Altstädter Ring in Prag etwa, im ungarischen Millenniumsdenkmal am Pester Stadtwäldchen, in Wiener Neustadt, wo ja nicht nur Siebenbürger und andere niederösterreichische Herren und Bürger enthauptet wurden, sondern 150 Jahre später auch die Häupter der sogenannten ungarischen Magnatenverschwörung. Übrigens: Es gibt bis heute kein »ordentliches« Denkmal für die Revolution von 1848, etwa für den so überaus bemerkenswerten Reichstag, das erste Parlament Österreichs, das ja in der Winterreitschule der Hofburg getagt hat.[28]

Besonders geeignet zur Erhellung der *Identitätsproblematik* der Ersten Republik ist das Denkmal zur Erinnerung an die *Ausrufung der Republik*. Es entstand 1928. Dieses Denkmal ist in mehrfacher Hinsicht interessant – zunächst einmal kunsthistorisch (immerhin hat

Anton Hannak die imposante Büste *Viktor Adlers* gestaltet).[33] Aber auch durch die personelle Zusammensetzung – es sind nur Sozialdemokraten vertreten (neben Adler *Jakob Reumann* und *Ferdinand Hanusch*), obgleich die Erklärung vom 12. November in der provisorischen Nationalversammlung von Vertretern aller Parteien mitgetragen worden war. Freilich »stimmt« das Denkmal wieder insofern, als »wirkliche« Republikaner, zumindest seit 1918, zweifellos primär die Sozialdemokraten waren. Dieselben Sozialdemokraten aber hatten wiederum ihre Schwierigkeiten mit »Österreich«.

Es kann kein Zweifel daran bestehen, daß nach 1918 der Begriff »Österreich« überhaupt in eine schwere Krise geriet – und zugleich auch die Identität jener, die jetzt als »Österreicher« allein blieben. Dabei kam es häufig zur heftigen Abwehr des *Namens* »Österreich«. *Karl Kraus* schrieb im Jänner 1919 jenen langen und leidenschaftlichen »Nachruf« auf das alte Österreich, den er damit einleitete, daß *»... durch die Nacht der Nächte, in der wir hungernd und frierend, vom Schicksal als Deutsch-Österreicher gezeichnet, gebeugt von dem Fluch, Wiener zu sein ...«* immerhin ein *»trost- und hoffnungsspendender Stern«* leuchte, nämlich *»nicht mehr Österreicher zu sein!«*[34] Diese Ablehnung des Namens Österreich teilte *Kraus* damals mit nicht Wenigen, vor allem mit führenden Sozialdemokraten wie *Otto Bauer*: In der »Österreichischen Revolution« schrieb er vom *»verhaßten Namen«*, den der *»Imperialismus«* im Friedensvertrag von St. Germain den Österreichern aufgezwungen habe.[35] *Gerald Stourzh* spricht von der *»tiefen Krise des österreichischen Selbstverständnisses«*, von einer *»radikalen Identitätskrise«*.[36] Wenn Namen Identität bedeuten, dann sind Selbstbenennungs-Zweifel in der Tat der beredteste Ausdruck solcher Krisen! Aus dieser Krise heraus sollte die Schule die breiten – von der Anschlußbegeisterung noch unberührten – Massen hinein in die deutsche Nation führen: *»Entösterreichern wir die Schule«*, schrieb *Karl Leuthner*, führender Sozialdemokrat.[37] Und *Otto Glöckel* 1930: *»Die Schule hat die Aufgabe, aus unserer Jugend aufrechte, freie, ihres Volkstums bewußte Menschen zu machen, die nicht mehr unter dem uns heute noch beugenden Zwang den Weg in die deutsche Heimat finden ...«*; es sei Aufgabe des Geschichtsunterrichts, *»die unauslöschliche Schicksalsgemeinschaft aufzuzeigen und sie den Kindern einzupflanzen«; »... die Jugend muß sich vor den Geistesfürsten des deutschen Volkes beugen lernen ...«*[38] Die Erste Republik trat also mit demselben Programm der »Entösterreicherung« an wie die übrigen Nachfolgestaaten![39]

Schon im September 1919 hat *Otto Glöckel* für die Fächer Deutsch und Geschichte in einem umfangreichen Erlaß *»die Selbstverständlichkeit«* festgehalten, *»... daß wir in Zukunft die Geschichte unserer Heimat wieder mehr als bisher als einen Teil der Geschichte Deutschlands überhaupt darstellen. Die heranwachsenden Jugend soll ihre Heimat als ein deutsches Land auch geschichtlich kennen und schätzen, sie soll auch aufgrund* *der Geschichte ihr Volk und Gebiet als untrennbar verknüpft empfinden mit dem gesamten Deutschtum ...«*[40] Diese allseits akzeptierte »deutsche« Komponente der politischen Bildung ist mittelfristig durchaus wirksam geworden, da eine Durchführung dieser Grundsätze auch in jenen Lehrplänen verankert blieb, die nach *Glöckels* Ausscheiden als Staatssekretär verabschiedet wurden. Die Fächer »Geschichte« und »Deutsch« waren die zentralen Verankerungsmedien deutschnationalen Denkens. *»Man kann ... annehmen, daß es – im Unterschied zu anderen, von den einzelnen Lehrergruppen kontrovers behandelten Themen – bei diesem Fragenkomplex gelungen ist, den Schülern eine relativ homogene Einstellung zu vermitteln und eine eindeutige Präferenz für das Deutschtum, für den Anschluß und damit implizit gegen ein selbständiges Österreich geweckt worden ist.«*[41]

Ernst Fischer konnte daher 1945, am 27. April, in der fünften Nummer des »Neuen Österreich«, nicht ganz unberechtigt schreiben: *»... In konservativen Kreisen gab es einen österreichischen Patriotismus – aber ein solcher Patriotismus konnte bei der Masse des arbeitenden Volkes kein Verständnis finden, da er schwarz-gelb gefärbt war ... Mit einiger Übertreibung könnte man sagen, die Republikaner waren nicht patriotisch und die Patrioten nicht republikanisch, die einen glaubten nicht an Österreich und die anderen verstanden nicht das Gesetz der fortschreitenden Entwicklung ...«* Am 25. Juli 1945 fand er dann die seither oft wiederholte Variante:

»Die österreichische Tragödie, die am 12. Februar 1934 ihren ersten Höhepunkt erreichte, bestand darin, daß die Demokraten zu wenig österreichische Patrioten und die österreichischen Patrioten zu wenig Demokraten waren ...«

Dieses »Österreichische« war – wir haben es oben betont – nach 1918 extrem fragwürdig geworden:

»... wenn sich der Österreicher die Frage stellt, was bin ich?, wird ihm, nicht erst seitdem er, von seinen ›befreiten‹ Brüdern verlassen, auf sogenanntem innerösterreichischem Boden, dem Bundesstaat Österreich, mit sich allein geblieben ist, in der einfachsten, der zunächstliegenden, die beste Antwort bereitliegen. Ich bin Österreicher. Aber was heißt das? Was ist ein Österreicher? Vor kurzem sind es neben mir, mit mir, gleich mir andere gewesen, die es nicht haben bleiben wollen. Das Österreichertum ist also etwas, was man aufgeben kann, ohne es einzubüßen, etwas Äußerliches, was man einbüßt? Ist das wahr? Kann ich mein Österreichertum ausziehen wie ein Kleid und in ein anderes schlüpfen? Ich weiß, daß ich das nicht kann. Und die andern, jene Österreicher von damals, die es nicht mehr sind, haben sie ein anderes Kleid angelegt? Nein, sie sind geblieben, was sie als Österreicher gewesen waren, Tschechen, Polen, Italiener, Slowenen, Serben, Ruthenen, Rumänen. Das österreichische Kleid ist ihnen abgefallen. Ich aber, wenn ich mein Österreichertum ablegte: käme da der Deutsche zum Vorschein, der ich gewesen bin und bleibe? Mitnichten ... Der Tscheche, der Pole, der Itali-

ener, wenn er sich auch noch so sehr als Österreicher empfand, fühlte doch, sei es nun zutiefst oder zuerst – der Unterschied liegt im Bewußtsein, nicht im Gefühl – sich als Tschechen, Polen, Italiener. Ich fühle mich nicht zuerst als Deutscher. (Es gab und gibt deutsche Österreicher, mit denen sich das anders, sich so verhielt und verhält, wie mit den Tschechen und Polen.) Gewiß, ich sprach nicht nur die deutsche Sprache, in der mir alles deutlich geworden war, ... ich liebte sie auch, als die mir angeborene, die ›Muttersprache‹ ... Aber war und blieb so die deutsche Sprache meine geistige wie meine leibliche Heimat – die innerste, die Heimat meiner Seele, dessen, was mich ›moralisch‹ ausmacht, als was ich mich empfinde, war nicht Deutschland, sondern Österreich ...«[42]

Richard Schaukal hat hier zweifellos einen Bereich psychischer Befindlichkeit angesprochen, der in der Tat aktivierbar wurde, als sich die voluntaristische Begeisterung über das Deutsch-Sein wieder gelegt hat: Die Suche nach Heimaten, nach Ruhe und Sicherheit spendenden Orten und Räumen findet nur in Ausnahmesituationen eine große Gemeinschaft, im Normalfall aber begrenzte, erfahrbare Berge, Landschaften, Häuser. »Heimat« ist wohl am einfachsten zu erleben im Wiedererkennen und Wiederfinden des Vertrauten – in diesem Sinne konnte seit 1945 tatsächlich »Österreich« zu einer solchen Heimat werden.[43]

Ab 1933 änderten sich die Rahmenbedingungen, nun wurde das »Vaterländische« mehr betont. Österreich wurde zwar auch jetzt als ein »deutsches« Land gesehen, aber – im Unterschied zur Zeit zwischen 1919 und 1932 – wurden seine eigenen Leistungen, seine eigene Geschichte nunmehr betont und zur Legitimierung des Systems herangezogen.[44]

Man kann in einer offiziellen Publikation dieses Wiederauffinden österreichischer Geschichte, Kultur, Tradition verfolgen. Bei gleichzeitigem Beharren auf den national »deutschen« Charakter wird dieses neue, »vaterländische« Österreich ideologisch so begründet:

»Österreich wird leben und gedeihen,
als die Lebensgrundlage seines Volkes und jedes einzelnen,
als alpenländisch-donauländische Heimat mit ihrer tausendjährigen Religion und der darin verwurzelten tausendjährigen deutschen Kultur;
als der Staat der gesamtdeutschen christlichen Sendung im Donauraum, der Erbe des Ersten Reiches (wie es Großösterreich war): als das Herzstück friedlicher Völkergemeinschaft in Europa;
als christlicher Staat, volkstreu und sozial, bei ständischer Selbstverwaltung unter autoritärer Führung.«

Dieses Zitat stammt aus einer offiziellen Publikation, »Österreich – Grundlegung der vaterländischen Erziehung«, von 1936.[45] Besonders wichtig war den Autoren eine Neuinterpretation des Geschichtsunterrichts – denn es war ein besonderes Problem schon der späten Monarchie, noch mehr aber der demokratischen Ersten Republik, daß »Geschichte« immer mehr zu »deutscher« Geschichte, daß der Interpretationsmaßstab für historisches Geschehen das »deutsche Volk« und die »deutsche Kultur« geworden war. Wir wissen, daß diese Neuinterpretation nur beschränkt wirksam war. Die massive Grundlegung deutscher Identität zwischen 1918 und 1933 im Zusammenspiel mit dem machtvollen Aufstieg Nazideutschlands ließ die »deutschen« Interpretationen als die siegreichen, sinnvollen, stimmigen erscheinen.

5. LAND OHNE NAMEN, VOLK OHNE SYMBOLIK?

Das Österreichbewußtsein im Dritten Reich genauer zu erforschen, wäre ein reizvolle, aber auch mühevolle Aufgabe. Zunächst, im Anschlußtaumel, schien es verschwunden zu sein, reduziert auf die Emigration und auf einige ältere Herrschaften zuhause, die noch aus der Monarchie stammten und ihr nachtrauerten, sowie auf einige unverbesserliche »Vaterländische«, die pensioniert wurden, in den Akten der Gestapo auftauchten oder sogar im Gefängnis bzw. im KZ landeten. »Österreich« – das schien ein konservatives, reaktionäres Konzept, das man vergessen sollte. 1938 schien Österreich ein historischer Begriff geworden zu sein. Das haben, resigniert, auch gute österreichische Patrioten eingesehen.

Dennoch tauchte ein *anonymes »österreichisches« Bewußtsein* immer wieder auf. Die Akten der Machthaber sprechen von »Österreich-Tendenzen«, die zwar nicht gefährlich schienen, aber doch genau verfolgt wurden. Die Tumulte bei den bekannten *Fußballspielen* Austria gegen Schalke 04 am 17. November 1940 oder Rapid gegen Schalke 04 am 22. Juni 1941 zeigten in ihrer aufgeheizten Stimmung einen Grad an Nichtübereinstimmung zwischen dem offiziellen gemeinsamen Deutschtum und dem tatsächlichen Differenzempfinden, das man gegenüber den neuen Herren fühlte, der es methodisch zulässig erscheinen läßt, hier eine Art von anonymem Österreich-Bewußtsein am Werk zu sehen, das sich literarisch, politisch und kulturell kaum bis gar nicht äußern konnte. Dieses anonyme Österreichbewußtsein reichte bis in die große Schar der nationalsozialistischen Österreicher hinein. Zitat aus einem Stimmungsbericht des SD des Reichsführers SS vom 21. Oktober 1940 (also noch lange vor der Moskauer Deklaration!): *»... Es ist bemerkenswert, daß sich anscheinend alle Gegnergruppen in einer Parole einig sind und dabei sogar bis in die Parteikreise hinein nicht unerhebliche Zustimmung finden, nämlich in der Vertiefung des Gegensatzes zwischen Ostmärkern und Altreichsdeutschen ... Der Parteiapparat scheint in dieser Beziehung durchaus nicht einsatzfähig, da die Parteigenossenschaft ... bis in höchste Stellen hinauf eine Wut gegen alles Altreichsdeutsche in sich tragen ...«*[46]

Es gibt auch zahlreiche distinkte Äußerungen, wie *»Wir sind ja Österreicher; wir hätten die deutschen Gauner nicht gebraucht«* (1940) oder, im selben Jahr, den demonstrativen Applaus beim Lob Österreichs bei der Aufführung von »König Ottokars Glück und Ende« im deutschen Volkstheater, der von der Gestapo durch mehrere Wochen genau beobachtet und dokumentiert wurde. Das alles spielte sich, wie gesagt, schon lange vor 1943 ab, konzentriert auf Wien und den Osten Österreichs und liegt sicher unterhalb der eigentlichen Widerstands-Linie. Aber es zeigt eine profunde Nicht-Übereinstimmung, die im Verlauf des Krieges zunächst durch die deutschen Erfolge im Westen etwas abgeschwächt, spätestens seit dem Rußlandfeldzug und Stalingrad aber wieder gestärkt wurde. Methodisch davon zu trennen sind organisatorische Versuche aller Schattierungen, »echte« Widerstandsgruppen zu bilden. Wir wissen, daß die meisten dieser Gruppen aufgeflogen sind, daß es zahlreiche Opfer gab und – dies ist für unser Thema erheblich – daß in der Motivation dieser Bemühungen nicht ein »deutscher« Antifaschismus dominiert, sondern ein »österreichischer« Patriotismus, wenn auch nicht selten mit »linken« Zielsetzungen verbunden. Daß eine Waldviertler Gruppe, die »Freischar Ostmark«, von der Anklage als klerikal und legitimistisch beschrieben, als Erkennungsgruß »Öha« wählte, ist eine humorvolle Pointe, hinter der sich allerdings eine komplette Parole verbarg: »Österreicher harret aus«.[47] In der Symbolik der Widerstandsgruppen taucht das Symbol rot-weiß-rot immer wieder auf, es blieb also doch irgendwie lebendig, auch über die Anschlußperiode hinweg.

6. DAS WIEDERAUFTAUCHEN ÖSTERREICHS UND DIE SYMBOLE DER ZWEITEN REPUBLIK

Das Wiederauftauchen Österreichs 1945 wird häufig unter Aspekten von Verdrängung und Schlitzohrigkeit diskutiert. Es war ein eigentlich sehr selbstverständliches Wiedereinhausen in das Gebäude der Republik, das aus den verschiedensten Memoiren und Erinnerungen entgegentritt. Leute, die 1938 entlassen worden waren, Patrioten, die aus den Gefängnissen oder von der Front kamen, scheinen in der Tat sehr rasch ihre alten Dienststellen aufgesucht zu haben, um wieder dort anzuknüpfen, wo man 1938 (nicht 1934!) unterbrochen worden war: Eindrucksvoll war eine im Mai 1995 im rechten Seitenflügel der Aula der Wiener Universität ausgestellte Dokumentation über den ersten akademischen Senat, der im Frühjahr 1945 gewählt wurde: Fast alle Amtsträger waren 1938 pensioniert worden.

Diese Selbstverständlichkeit des Wiederanknüpfens gebietet es auch, die Verabschiedung vieler Österreicher von ihren »deutschen« Fäden nicht *nur* unter dem Aspekt der Schlitzohrigkeit zu interpretieren: Die Österreicher, selbst die meisten Nazis, waren auch zwischen 1938 und 45 eben nicht *nur* »Deutsche« gewesen, es gab immer das Distanzempfinden zu den (Alt-)»Reichsdeutschen« – übrigens waren auch vice versa für viele (»reichs-«)deutsche Armeeangehörige, Parteileute und Beamte die Österreicher nur »Beutedeutsche«. Man darf nicht vergessen, daß sich die deutsche Nation ja schon

1848/1866/1870-71 ohne die Deutsch-Österreicher als konsensuale Einheit konstituiert hatte und von diesem die Österreicher ausschließenden Erleben her diese auch gar nicht oder nur unvollständig als »Deutsche« empfanden. *Ernst Fischer*, der kluge kommunistische Staatssekretär von 1945, hat das sehr richtig gesehen.

Es ging – wie immer bei der Orientierung des kollektiven, kulturellen Bewußtseins – um die symbolische Besetzung der »Geschichte«: Wieder mußte die Herrschaft über die Interpretation der Geschichte erkämpft werden. So schrieb *Wilhelm Böhm* 1946:

»Die Vergewaltigung Österreichs im März 1938 durch einen Pöbelaufstand im Inneren und einen bewaffneten Überfall von außen konnte nur geschehen, weil wir etwa seit 1918 um das Wichtigste und Wertvollste gekommen waren, um unser österreichisches Geschichtsbild. Man muß selbst die Universität in den zwanziger und dreißiger Jahren dieses Jahrhunderts besucht haben, um die eiserne Geschlossenheit würdigen zu können, mit der die sogenannte ›gesamtdeutsche Geschichtsauffassung‹ alle Geister und alle Erörterungen beherrschte. Wer andere Gedankengänge hätte vorbringen wollen, wäre nicht einmal auf Ablehnung, nur auf völliges Unverständnis gestoßen ... Völlig hat aber erst der Zusammenbruch von 1918 der ›gesamtdeutschen Geschichtsauffassung‹ zum Siege verholfen. Nach ihrer Theorie ist die Nation der einzig gültige irdische Verband, der Staat nur politischer Ausdruck des nationalen Wesens. Die österreichische Staatlichkeit und

Kultur erscheinen daher höchstens als besonders wichtige und eigenartige Spielart des Deutschtums, ihre Selbständigkeit kann aber nur so lange zugelassen werden, als sie im Interesse der deutschen Nation zu liegen scheint ...«.[48]

Ein anderer wichtiger Theoretiker der christlichen Seite des politischen Spektrums war *Ernst J. Görlich*. Er fand in dieser Phase bereits methodisch und theoretisch bemerkenswerte Worte:

»... Österreichertum im Sinne der österreichischen Nation kann niemals als biologische, sondern immer nur als historisch-politisch-kulturelle Angelegenheit verstanden werden ... Vor hundert Jahren gab es keine belgische Nation. Die amerikanische Nation war erst seit den Tagen Washingtons im Entstehen begriffen und vollendete sich nach dem Sezessionskrieg durch das Einigungswerk von Abraham Lincoln. Die spanisch und portugiesisch sprechenden Nationen Mittel- und Südamerikas sind erst durch ihre Unabhängigkeitskriege gegen das Mutterland zu eigenständigen Nationen geworden. Denn das eine ist festzuhalten: eine Nation wird fast immer aus einem Gegensatz zu einer bisher bestehenden Gemeinschaft heraus ... Ob eine neue Nation geboren wird, hängt dann davon ab, ob der Wille des Volkes zur Eigenständigkeit und zum unabhängigen Leben stärker ist als andere Verflechtungen. Wir müssen uns ganz klar darüber sein: wer nicht den Willen zum eigenständigen österreichischen Staatsvolk hat, in dessen Herzen schlummert noch immer – auch wenn er

sich selbst dessen nicht bewußt ist – ein Rest von Anschlußideologie vergangener Zeiten. Ein Staat, ein Volk, eine Nation kann nur aus einer eigenen Aufgabe heraus existieren, einer Aufgabe, die in ihr selbst begründet ist und die ihr nicht als Mandat von außen her übertragen wurde.«[49]

Es geht also um *Rollen,* die sich eine Nation selbst zuschreibt. Man könnte das als belanglose intellektuelle Spielerei ansehen. Tatsächlich zeigt sich bei einer genaueren Betrachtung, daß solche kollektiven Selbstbilder durchaus wichtig sind, daß sie auf Verhaltensweisen und Anschauungen allgemeiner Art durchaus Einfluß haben können. Sie werden zu einem nicht unerheblichen Teil des Symbolhaushaltes. Nun war – etwa – eine gewisse kollektive Selbstverkleinerung, zuweilen verbunden mit nebulosen Größenphantasien, im 20. Jahrhundert in Österreich nicht selten zu beobachten. So schrieb *Josef Schöner*, der spätere verdiente Diplomat, in der unmittelbaren Nachkriegszeit (mit Bezug auf *Ernst Fischer*):

»Unser StSekr. Fischer ist ein sehr guter Journalist und Redner, sein heutiger Leitartikel (es war am 5. Mai 1945) in der einzigen Zeitung, ›Drei Lehren – drei Pfeiler des neuen Österreich‹ ist wirklich gut, ein Vergnügen zu lesen. Er polemisiert gegen die früher, auch vor 1938 übliche Selbstherabsetzung des Österreichers, gegen seine übertriebene Selbstironie (die meines Erachtens ihren bezeichnendsten Ausdruck in der von dem Zeichner Carl Josef in der ›Stunde‹ geschaffenen Figur des ›kleinen Österreichers‹ in Gestalt eines alten, ver-

hutzelten Mannes mit Melone, abgeschabtem Gehrock, verhatschten Schuhen und verbeultem Regenschirm im Kreis der sonstigen Völker gefunden hat, und über die ich mich schon immer geärgert habe!)«[50]

Österreichbilder konnten nach 1945 zu einem guten Teil an ältere Stereotypen anschließen. Als weniger bekanntes Beispiel sei hier (mit einem Beitrag aus dem Jahre 1947) *August Maria Knoll* zitiert, der, ausgehend von der Ikonographie einer bestimmten Darstellung des heiligen *Leopold* in Klosterneuburg, den »Genius Austriae« so zu umschreiben versuchte:

»... die bewegende Idee des Fürsten und seines Landes ... die Idee von der Harmonie des Lebens ..., welche auch die Seele und Krone, ja der Genius des ewigen Österreichertums geworden ist. Das ist – mit anderen Worten – die Idee der schöpferischen Mitte aller Gegensätze und Spannungen, sowohl der geistlichen wie auch der weltlichen Menschheitsgeschichte!«[51]

Aber *Knoll* spricht hier nicht nur (übrigens in rechten Leerformeln) sehr abstrakt über historische Komponenten angeblicher österreichischer Sendung an, sondern auch über Selbst- (und Fremd-)Bilder, die sich als ziemlich dauerhaft erweisen:

»... Dazu kommt, daß Österreich auch auf kulturellem Gebiet immer gewohnt war, schon als Erbe des Römischen Reiches nationale Schranken zu durchstoßen. In Österreich wurde nicht nur in allen Sprachen Europas politisiert; noch mehr wurde hierzulande in allen Sprachen gedacht, gedichtet, gesungen und gebaut.«[52]

Knoll leitet dann über zum Theater:

»... Nirgends in der Welt besitzt der Schauspieler diese öffentliche, ja sakrale Geltung wie in Wien, in Österreich. Theater ist hier Staatsaktion und Kult! ... Gleich dem Priester hütet er (der Schauspieler) und verkörpert er ein Wesentliches ...«

Und erklärt schließlich die Musik zur zentralen Symbolik Österreichs:

»Buchstäblich aber ›erobert‹ hat Österreich die Welt durch die Musik. In Österreich, in Wien erscheint die Welt musikalisch geeint. Mozart, Beethoven, Haydn, Schubert, sie alle schufen hier, wie später Brahms, Bruckner, Hugo Wolff und höchste Reife ihrer Kunst erreichten. Ebenbürtig neben der Königsberger Philosophie und Vernunftkritik, die in die Welträtsel hineinleuchtet wie schon seit Augustinus nicht mehr, steht die Wiener Symphonie, die das Allgemeinmenschliche verbindlich zelebriert ...«[53]

Knoll schließt, nicht ohne den Wert eines Nationalcharakters, der »seine Ruhe« haben will, verträglich ist und einen gewissen Relativismus pflegt, hervorzuheben:

»Ja, diesen Schuß ins Relativistische, Erkenntniskritische, das hat Österreich. Daß wir die Dinge dieser Welt nicht allzu ernst nehmen – das ist österreichisch! Daß wir das meiste nicht tragisch nehmen, daß wir darüber lachen, wenn andere großtun – das ist österreichisch ...«[54]

Knoll hat da eine ganze Fülle von Österreich-Klischees ausgebreitet, die allesamt ihre mehr oder weniger ehrwürdigen Vorfahren haben, oft zitiert und variiert, aber ebenso oft auch in Frage gestellt wurden (*Robert Musil* etwa sprach davon, daß die »österreichische Kultur« sozusagen ein Irrtum des Wiener Blickwinkels sei)[55]. Wir sollten hinzufügen, daß diese Kultur-Symbolik im Selbst- wie im Fremdbild überaus lebendig blieben und daß – etwa – das Bild des *Großen Musikvereinssaales* in ganz hohem Maße international mit »Österreich« identifiziert wird.[56] Freilich ist aus den österreichischen Selbstbildern innerhalb des letzten Jahrzehntes das Musikalische hinausgeflogen: Die Österreicher sehen sich nicht mehr als »musikalisch«.[57]

Das Wiederauftauchen Österreichs (als alt-neuer Kontinent) 1945 war also im symbolischen Bereich zunächst einmal durch solches Anknüpfen an ältere Symbole und Klischees abgestützt worden. Das hätte durchaus auch problematisch sein können, da die politische Linke hier nur zum Teil mitzog – die SPÖ am Anfang gar nicht, da sie sich der Frage eines österreichischen Selbstbewußtseins erst verhältnismäßig spät, ab etwa 1956 zuwandte. Anders die KPÖ – über *Fischers* einschlägige Bemühungen haben wir schon gesprochen. Man sollte aber hervorheben, daß einige andere symbolische Bereiche doch rasch außer Streit gestellt wurden. Es handelt sich um den *Staatsnamen*, die *Verfassung* und die *Staatssymbolik* (Staatsfarben, Wappen und Hymne). Vergleicht man die Szenerie von 1945 mit jener von 1918/19, so ist zunächst auffällig, daß der 1918/19 so stark abgelehnt Name »Österreich« jetzt als vollkommen unproblematisch empfunden wurde – und es auch blieb. Auch die

Wiederinkraftsetzung der Verfassung von 1920 in der Fassung von 1929 ist eine bemerkenswerte Tat, bedenkt man nur die schweren Spannungen, von denen die Verfassungsreform 1929 begleitet war. Überaus rasch wurde auch die Frage der wichtigsten Staatssymbole gelöst: Schon am 8. Mai wurde das Gesetz über das Staatswappen verabschiedet – man übernahm das Wappen der Ersten Republik mit der kleinen, aber entscheidenden Änderung, daß an den Fängen des Adlers nunmehr gesprengte Ketten auf die Wiedererlangung der staatlichen Unabhängigkeit verweisen. Nicht wenige Menschen haben in den nun wieder gebrauchten Institutionen, Emblemen und Uniformen Elemente einer verlorenen und wiedergefundenen Heimat erlebt.[58]

Die musikalisch so schöne *Haydn-Hymne* war durch die Geschichte ihrer diversen Texte leider zu einer nationalen und internationalen Unmöglichkeit geworden (aber bleibt uns jedenfalls in der Fassung als Streichquartett erhalten); sie wurde in einem zweistufigen Verfahren durch eine neue ersetzt, deren Musik von einem Zeitgenossen *Mozarts,* deren Text aber von *Paula von Preradovic* stammt.[59]

Nun erst belebte sich die Denkmalslandschaft der Ringstraße neuerlich – vielleicht auch ein Zeichen dafür, daß jetzt, in ruhigeren Zeiten, wieder der Versuch unternommen werden konnte, durch die Sprache der Denkmäler auf das kollektive Bewußtsein einzuwirken.

Der zweimalige Staatsgründer *Karl Renner* steht hier, an der dem Ring zugewandten südöstlichen Ecke des

Rathausparks, seit 1967; sein eindrucksvoller Bauernkopf wurde von *Alfred Hrdlicka* modelliert. *Renner* ist nach wie vor eine durchaus bekannte Persönlichkeit.[60] *Julius Raab* hat dagegen nur ein verhältnismäßig bescheidenes Denkmal (von *Toni Schneider-Manzell* und *Clemens Holzmeister*, 1967) erhalten, eingebunden in den Zaun des Volksgartens. Um 1980 war *Raab* noch sehr bekannt – diese Bekanntheit ist inzwischen etwas abgeflacht. In der Spitzengruppe der österreichischen Persönlichkeiten lag um 1980 auch noch *Theodor Körner*, dessen Statue (*Hilde Uray*, 1963) seinem Bürgermeisterkollegen *Karl Seitz* (*Gottfried Buchberger* 1962) gegenübersteht. Auch Bundespräsident *Adolf Schärf* hat hier ein Plätzchen gefunden.

Wir sollten unseren Denkmals-Rundgang in der Wiener Innenstadt mit dem Morzin-Platz und mit dem Hrdlicka-Denkmal auf dem Albertina-Platz abschließen. Das schlichte *Denkmal auf dem Morzin-Platz* erinnert an das Hotel Metropol, das Gestapo-Hauptquartier von Wien. Das wesentlich größere bei der Albertina richtet sich allgemein gegen Krieg und Faschismus, ist aber in der gewählten Symbolik auch ein *Denkmal der zweiten Republik*. Es enthält wie jenes vor dem Südbahnhof, das zu den unbekanntesten Denkmälern Österreichs gehört, den Text der Unabhängigkeitserklärung vom 27. April 1945.[61] Diese Unabhängigkeitserklärung kann man als symbolischen Text interpretieren, der wie alle Texte dieser Art Realität nicht widerspiegelt, sondern schafft oder mindestens beeinflußt. Natürlich war am 27. April

»Österreich« nicht unabhängig, weder in Wien noch sonstwo. Aber der symbolische Text wirkte, und 1955 kam schließlich die Unabhängigkeit nach.

7. ÖSTERREICH UND EUROPA – ZUR SYMBOLIK DES ÖSTERREICHISCHEN SELBSTBEWUSSTSEINS IN DER GEGENWART

a) Unter den europäischen Völkern stechen die Österreicher in den neunziger Jahren durch einen überaus starken Nationalstolz hervor.[62]

b) Dieser stark ausgebildete Nationalstolz hat relativ variable symbolische Zielpunkte – einmal die Landschaft, die Natur (für die man nichts oder nur wenig kann), eventuell auch die Kultur, und das wieder primär in der historischen Dimension (auch kein Verdienst der Gegenwart), zuweilen der Sport, manchmal der Sozialstaat, die Wirtschaft, die Sozialpartnerschaft, die Neutralität, sogar die Wissenschaft.[63]

c) Im großen und ganzen unbestritten ist die eigene Staatssymbolik.[64]

d) Fragt man hingegen nach Personen, die für Österreich Bedeutung hatten (also nach Personen mit Symbolkraft), dann zeigt sich, daß die großen Denkmalsschöpfungen des 19. und 20. Jahrhunderts nicht zu »Gedächtnisorten« für das heutige »kulturelle Gedächtnis« geworden sind. Behauptet haben sich: *Wolfgang Amadeus Mozart*, *Maria Theresia*, *Franz Joseph*. Erst hinter diesem Trio folgen Politiker wie *Renner* und *Figl* (wenn man sie überhaupt noch kennt), keine anderen Komponisten oder gar Schriftsteller sind hier vertreten. Aus der jüngeren Vergangenheit und Gegenwart können mit den Genannten *Bruno Kreisky*, *Thomas Muster* und *Arnold Schwarzenegger* konkurrieren. Wen man sonst noch zu einem »österreichischen Kanon« rechnen würde – Komponisten wie *Schubert, Mahler, Schönberg,* Schriftsteller wie *Grillparzer, Doderer, Musil, Broch, Zweig,* Wissenschaftler wie *Sigmund Freud*, *Karl Landsteiner* usw. sind in der Öffentlichkeit zumeist unbekannt und können daher auch keine Symbolkraft entwickeln. Praktisch total aus dem kulturellen Gedächtnis der Österreicher verschwunden sind: *Erzherzog Karl*, *Prinz Eugen*, *Radetzky, Schwarzenberg,* also die militärischen Symbolfiguren für Österreichs historische Herrlichkeit.

e) Dieser Wandel geht übrigens auch mit einem deutlichen Wandel gewisser österreichischer Selbstbilder einher. So ist von den achtziger zu den neunziger Jahren die Selbstbezeichnung »musikalisch« aus dem österreichischen Selbstbild verschwunden. Das führt zu geradezu spannenden Gegensätzen zwischen einem Fremdbild von Österreich, in dem *Johann Strauß*, *Mozart* und der *Große Musikvereinssaal* absolut dominieren, und einem Selbstbild, dem der musikalische Aspekt verlorengegangen ist. Das könnte auch ein Teil jenes Problems sein, das sich in den regelmäßig wiederkehrenden Klagen über Nachwuchsschwierigkeiten in den großen Wiener Orchestern und Chören äußert.[65]

f) Ob die blaue Europa-Fahne bereits ein für die Österreicher selbstverständliches Symbol geworden ist, läßt sich momentan nicht so einfach beantworten. Nach diversen sozialwissenschaftlichen Forschungen ist nur soviel sicher, daß im Normalfall ein positives Verhältnis zu Österreich (und das heißt wohl auch: zu seiner Symbolwelt) mit einem positiven Verhältnis zu Europa Hand in Hand geht. Wir werden in der Annahme nicht fehl gehen, daß eine einigermaßen gesicherte eigene nationale Identität die beste Voraussetzung für die Entwicklung übernationaler Identitätsebenen darstellt.[66]

g) Wahrscheinlich das wichtigste Symbol der zweiten Republik wurde eine selbstauferlegte Verhaltensweise des Staates: die *Neutralität.* Auch die jüngsten sozialwissenschaftlichen Analysen zeigen, daß die Neutralität im kollektiven Bewußtsein einen hohen Stellenwert innehat. Da dieser Stellenwert weder mit einem breiten Verlangen nach dem Schweizer Vorbild entsprechenden Rüstungsanstrengungen zur Verteidigung der Selbständigkeit und Neutralität einhergeht noch auch mit einem ausgeprägten Wissen um den tatsächlichen Inhalt von Neutralität, wird deutlich, daß »Neutralität« in erster Linie symbolisch für die Bejahung der kleinstaatlichen Eigenexistenz Österreichs steht. Die Österreicher schworen nach 1945 den verschiedenen Großstaats-Phantasien – sowohl den habsburgischen wie auch den großdeutschen – ab. Dieser Einstellungswandel erhielt in der Neutralität ihre angemessene symbolische Einkleidung. Diese hier angebotene Interpretation wird dadurch unterstrichen, daß sich seit den siebziger Jahren im Hinblick auf das Jahr 1955 die »Neutralität« vor den »Staatsvertrag«, die für die Zeitgenossen erheblich wichtigere Zuerkennung der vollen Unabhängigkeit und Souveränität am 15. Mai 1955, geschoben hat.

h) Problematisch wird in unserer Gegenwart eine andere symbolische Säule österreichischen Selbstbewußtseins – die Sozialpartnerschaft. Ihre Lösungskompetenz erscheint (und ist ja auch real) gegen die späten sechziger oder frühen siebziger Jahre eingeschränkt, dennoch wird sie als österreichisches Symbol nach wie vor angesprochen und diskutiert – aber auch akzeptiert.[67]

*

Die immer wieder sehr aufgeregten Debatten um die angeblich einzigartig scheußlichen oder einzigartig liebenswürdigen Eigenschaften der Österreicher sind ein symbolischer Streit, und daher ebenso heftig wie – im Grunde – ohne Gegenstand. Da es eine verbindliche Nationalsymbolik – aus der von uns besprochenen Geschichte heraus – über die Staatssymbolik hinaus nicht (oder kaum) gibt, bietet sich jedem neuen Theaterstück (Heldenplatz), jeder neuen Filmfigur (Kottan, Mundl), ja sogar einem gelungenen Kabarett (Herr Karl) die Chance, in die prinzipiell offene Symbollandschaft der Österreicher einzutreten. Das löst stets eine heftige Abwehr jener aus, die dadurch ihre eigene, vertraute Symbollandschaft bedroht sehen, und diese Abwehr wiederum die ebenso heftige Gegenagitation jener, die solche Ablehnung mit dem Angriff auf künstlerische Freiheit verwechseln. Damit bietet sich vielleicht aus dem vielschichtigen und ein bißchen unausgeglichenen Symbolhaushalt der Österreicher – eine Folge der zuweilen intendierten, zuweilen nichtintentionalen Besetzung der Symbollandschaft durch sehr verschiedene historische (politische, publizistische, mediale, wissenschaftliche, didaktische) Kräfte – ein Zugang zur Erklärung von Eigentümlichkeiten der österreichischen Kulturlandschaft an, die in dieser Form in der Tat verhältnismäßig einzigartig sind.

Anmerkungen

1 Zur österreichischen Staatssymbolik vgl. Peter Diem, Die Symbole Österreichs. Zeit und Geschichte in Zeichen, Wien 1995. Zum Symbolhaushalt der Österreicher allgemein vgl. Ernst Bruckmüller, Nation Österreich. Kulturelles Bewußtsein und gesellschaftlich-politische Prozesse, Wien [2]1996, S. 87-154.

2 Ernst Bruckmüller, Technische Innovation und österreichische Identität? In: Klaus Plitzner, Hg., Technik – Politik – Identität. Funktionalisierung von Technik für die Ausbildung regionaler, sozialer und nationaler Selbstbilder in Österreich, Stuttgart 1995, S. 201-214, hier 204.

3 Zur Kaiserkrone vgl. Hermann Fillitz, Die Insignien und Kleinodien des Heiligen Römischen Reiches, Wien 1954; Ernst Kubin, Die Reichskleinodien. Ihr tausendjähriger Weg, München 1991.

4 Zur Krone Rudolfs II. vgl. Hermann Fillitz, Die österreichische Kaiserkrone, Wien 1959.

5 Vgl. »Die Krone des Landes«, Ausstellungskatalog Klosterneuburg 1996; ferner Georg J. Kugler, Der österreichische Erzherzogshut und die Erbhuldigung, in: Der heilige Leopold. Landesfürst und Staatssymbol, Ausstellungskatalog Klosterneuburg, Wien 1985, S. 84-91.

6 Zum Doppeladler vgl. Diem, Symbole, S. 109 ff; Norbert Weyss, Der Doppeladler in aller Welt, Ausstellungskatalog Mödling 1994.

7 Ein Verweis auf die bedeutende und zentrale Rolle, die Wien für Rudolf IV. spielte, ist etwa die in einer Urkunde von 1361 gebrauchte Wendung von Wien als »Haupt« aller Länder und Herrschaften, wo der Fürst auch im Leben und im Tod verweilen wollte (vgl. Ernst Bruckmüller, Wien und die österreichische Identität, in: Erhard Busek, Hg., Von den Hauptstädtern und den Hintersassen, Wien 1987, S. 19-36, hier S. 22).

8 Bruckmüller, Nation, S. 98 f und 197.

9 Zur Funktion von Karlskirche und Votivkirche vgl. Bruckmüller, Nation, S. 100

10 Hermann I. Bidermann, Geschichte der österreichischen Gesammt-Staats-Idee 1526-1804, 2. Abt., 1705-1740, Wien 1972 (unver. Nachdruck der 1. Aufl. von 1889), S. 78 und 360.

11 Zur Votiv-Kirche vgl. Renate Kassal-Mikula, Heinrich von Ferstel, Katalog zur Ausstellung, Wien 1983; Anton Maria Pichler, DieVotivkirche in Wien »Zum göttlichen Heiland«, Wien 1966; Joseph Farrugia, Votivkirche, Ried im Innkreis 1990; 996-1996. Ostarrichi – Österreich. Katalog Wien 1996, S. 444 ff.

12 Zur Ikonographie der Pestsäule vgl. Wilhelm Mrazek, Die Wiener Pestsäule, Wien – München 1958; Gerhardt Kapner, Barocker Heiligenkult in Wien und seine Träger, Wien 1978.

13 Es wurde von Franz Anton Zauner 1795-1807 geschaffen; die Statue bildet jene Marc Aurels auf dem römischen Kapitol nach. Die Reliefs am Sockel beziehen sich auf Handel und Ackerbau (Felix Czeike, Wiener Bezirkskulturführer I, Innere Stadt, Wien, 1983, S. 84).

14 Von Pompeo Marchesi 1842-1846 in Mailand hergestellt. Die vier Statuen symbolisieren Glaube, Stärke, Friede und Gerechtigkeit. Die lat. Aufschrift entstammt dem Testament des Kaisers (Czeike, Innere Stadt, S. 76).

15 Zur »Austria« vgl. Elisabeth Th. Winkler, Der Austriabrunnen auf der Freyung. Wiener Geschichtsblätter, Beiheft 4/1994. S. 20: »Im Austriabrunnen manifestiert sich zum ersten Mal in einem Denkmal im engeren Sinn eine österreichisch-patriotische Idee. Bezeichnend dafür ist die Änderung der Figur der Vienna in die der Austria während der Entstehung des Brunnens, die mit der Begründung, daß Österreich und nicht Wien über die darunter stehenden Flüsse herrsche, vorgenommen wurde.

16 Gerhardt Kapner, Ringstraßendenkmäler. Zur Geschichte der Ringstraßendenkmäler. Die Wiener Ringstraße, Bild einer Epoche, hg.v. Renate Wagner-Rieger, Bd. IX, Wiesbaden 1973, S. 12 ff.

17 Das Denkmal wurde nicht vom Kaiser finanziert, doch hat dieser auf den Ort der Aufstellung entscheidenden Einfluß genommen (Kapner, Ringstraßendenkmäler, S. 22).

18 Anläßlich der Enthüllung des Schwarzenberg-Denkmals erschien am 20.10.1867 im »Wiener Tagblatt« ein bitterer Vergleich: »Drei Denkmäler großer Heerführer, welche einst die österreichischen Waffen zum Siege führten, sind im Verlaufe weniger Jahre in dem Weichbilde der Stadt errichtet worden«, wobei mit Erzherzog Karl Magenta und Solferino verbunden wurden, mit dem

Prinzen Eugen – Königgrätz! Und es folgt die Aufforderung, nicht mehr militärische Verdienste im Denkmal zu verewigen, sondern »das bürgerliche Verdienst, die Gedanken großer Erfinder, welche Erlöser für die arbeitende Menschheit waren …« (Kapner, Ringstraßendenkmäler, S. 17)

19 Das Denkmal von Caspar von Zumbusch, 1874-1888 errichtet, das Programm von Alfred von Arneth, der 1863-1879 seine nicht überholte, zehnbändige Geschichte Maria Theresias veröffentlichte. Anders als die jeweils mit ihren Taten alleingelassenen Herren wird die Kaiserin-Königin von ihren Feldherren (Traun, Daun, Laudon, Khevenhüller) und militärischen sowie zivilen Beratern (Haugwitz, Kaunitz, Liechtenstein, van Swieten) sowie anderen verdienten Persönlichkeiten umgeben. Das schafft Raum und Distanz – andererseits vermittelt es ein bißchen das Gefühl, die große Frau hätte doch wieder zahlreicher Männer bedurft, um Bedeutendes zu schaffen.

20 Robert Musil, Denkmale. In: Nachlaß zu Lebzeiten, 1936 (hier zitiert nach einer Taschenbuchausgabe, Hamburg 1962, S. 59 ff. Auf die Stelle machte Mario Erdheim aufmerksam, in: »I hab manchmal furchtbare Träume ... Man vergißts Gott sei Dank immer glei …« (Herr Karl), in: Meinrad Ziegler/Waltraud Kannonier-Finster, Österreichisches Gedächtnis. Über Erinnern und Vergessen der NS-Vergangenheit, Wien-Köln-Weimar 1993, S. 9 ff, hier S. 10 f.

21 Das Franz-Josephs-Denkmal im Burggarten hat eine bewegte Geschichte. Der langanhaltende Widerstand der seit 1918 im Wiener Gemeinderat regierenden Fraktion verhinderte ein neues Denkmal. An eher versteckter Stelle wurde endlich 1957, nach vielen Diskussionen, eine aus dem Jahre 1903 stammende, zunächst in Wiener Neustadt situierte Bronze-Nachbildung (Josef Tuch) einer von Johann Benk modellierten Statue (in der Breitenseer Kaserne) aufgestellt.

22 Vgl. Anm. 13.

23 Über die besondere Befähigung Schillers, als Zentralfigur des erwachenden deutschen Nationalismus zu dienen, vgl. Hans A. Kaufmann, Nation und Nationalismus in Schillers Entwurf »Deutsche Größe« und im Schauspiel »Wilhelm Tell«. Zu ihrer

kulturpolitischen Funktionalisierung im frühen 20. Jahrhundert (Münchener Studien zur literarischen Kultur in Deutschland, Bd. 19), Frankfurt/M. – Berlin – Bern 1993.

24 Die Tatsache, daß es Herren des Geldadels waren (Todesco, Schey, Wodianer, Rothschild), die sich als Proponenten des Grillparzer-Denkmals fanden, reizte Ferdinand Kürnberger zu boshaften Ausfällen gegen die »Selbstbedenkmalungsarroganz«. – Grillparzer wird nun, gegen die »deutsch« intendierten Schiller usw., bewußt als »vaterländischer« Dichter stilisiert, der auch im »kaiserlichen« Volksgarten seine Aufstellung fand. 1889 wurde es enthüllt, vgl. Kapner, Ringstraßendenkmäler, S. 42 ff.

25 1980 führte bei der Frage nach »berühmten Österreichern« Johann Strauß vor W. A. Mozart, Maria Theresia, Karl Renner, Franz Joseph und Julius Raab, vgl. Bruckmüller, Nation Österreich, S. 107. S.; Max Haller, Identität und Nationalstolz der Österreicher. Gesellschaftliche Ursachen und Funktionen. Herausbildung und Transformation seit 1945. Internationaler Vergleich, Wien – Köln – Weimar 1996, S. 366: Bei einer Befragung von Schülern nach den »bedeutendsten Persönlichkeiten, die Österreich in der Geschichte hervorgebracht habe«, waren die fünf führenden (in dieser Reihenfolge) Wolfgang A. Mozart, Maria Theresia, Bruno Kreisky, Franz Joseph, Leopold Figl. Ferner vgl. Günter Schweiger, Österreichs Image in der Welt. Ein weltweiter Vergleich mit Deutschland und der Schweiz, Wien 1992, S. 271 und 273.

26 Deutsche und Franzosen empfanden die »Unvollendete« eher als »deutsch«, Italiener und Schweizer eher als »österreichisch«, vgl. Schweiger, Österreichs Image, S. 63

27 Robert Musil, Der Mann ohne Eigenschaften, S. 445 ff: Aus einem Staat, der an einem Sprachfehler zugrundegangen ist.

28 Bruckmüller, Nation Österreich, S. 374.

29 Dokumentiert bei Michael Göbl, Das österreichische Staatswappen von 1918 – eine Spurensuche, in: Jahrbuch Adler 17 (XXXI), 1994, Heft 5, S. 169 ff; Ders., Wie kamen Hammer und Sichel in das Wappen der Republik Österreich? In: Jahrbuch Adler 15 (XXIX), 1990, Heft 7, S. 223 ff.; ferner Diem, Symbole, S. 118 ff, hier auch eine Rekonstruktion; ferner 996 – 1996.

Ostarrichi – Österreich. Menschen – Mythen – Meilensteine, Ausstellungskatalog Neuhofen – St. Pölten 1996, Wien 1996, S. 393.

30 Göbl, Hammer und Sichel, passim.

31 Die Ereignisse von 1519-1522 ausführlich bei Günther R. Burkert, Landesfürst und Stände. Karl V., Ferdinand I. und die österreichischen Erbländer im Ringen um Gesamtstaat und Landesinteressen, Graz 1987; speziell zu Wien vgl. Wolfgang Kirchhofer, Erinnerungen eines Wiener Bürgermeisters 1519-1622. Eingeleitet und herausgegeben von Richard Perger, Österreich Archiv, Wien 1984. Die Tafel erwähnt bei Felix Czeike, Wiener Bezirkskulturführer I, Innere Stadt, Wien 1983, S. 122. Vgl. ferner Bruckmüller, Nation Österreich, S. 317-356.

32 Im Hof des Niederösterreichischen Landhauses erinnert zwar eine Tafel an Hans Kudlich, aber der Bürgerpetition vom 13. März 1848 wird nicht gedacht, vgl. Czeike, Innere Stadt, S. 68. Auch an den Konstituierenden Reichstag von 1848 erinnert kein Denkmal.

33 Katalog Ostarrichi – Österreich, S. 123 f.

34 Karl Kraus, Nachruf, 25.1. 1919, hier zitiert nach K.Kraus, Ausgewählte Werke Bd. 2 (»In dieser großen Zeit«), hg.v. Dietrich Simon gem. m. Kurt Krolop und Roland Links, München 1977, S. 161-153, hier S.162.

35 Gerald Stourzh, Was heißt Österreich? In: Wiener Journal, Nr. 144, September 1992, S. 22-26, hier S. 23.

36 Gerald Stourzh, Vom Reich zur Republik. Studien zum Österreichbewußtsein im 20. Jahrhundert. Wien 1990, S. 76.

37 Zit. nach Friedrich Heer, Der Kampf um die österreichische Identität, Wien – Köln – Graz 1981, S. 341.

38 Heer, Kampf, S. 350.

39 Emil Brix, Die »Entösterreicherung« Böhmens. Prozesse der Entfremdung von Tschechen, Deutschböhmen und Österreichern. In: Österr. Osthefte 1992, S. 6-12. Einige Literaturhinweise zur »Entösterreicherung« in der jungen Tschechosolwakei bei Jiří Kořalka, Tschechen im Habsburgerreich und in Europa, Wien – München 1991, S. 36.

40 Zit. nach Herbert Dachs, Schule und Politik. Die politische Er-

ziehung an den österreichischen Schulen 1918 bis 1938, Wien/München 1982, S. 62.

41 Dachs, Schule, S. 215.

42 Richard Schaukal, Bekenntnis zum Österreichertum (1932), nach Viktor Suchy, Ein Dichter kämpft für Österreich. Richard v. Schaukal zum Gedächtnis. In: Furche Jahrbuch 1947, 303-320, hier insbes. 311.

43 In diesem Punkt widerspreche ich Robert Menasse, Das Land ohne Eigenschaften. Essay zur österreichischen Identität, Wien ^{3}1993, S. 100, der meint, Österreich hätte keine »Heimat« zu bieten.

44 Dachs, Schule, S. 284 ff.

45 »Österreich«, Grundlegung der vaterländischen Erziehung, Wien/Leipzig 1936, hg. v. d. Vereinigung christlich-deutscher Mittelschullehrer Österreichs.

46 Felix Kreissler, Der Österreicher und seine Nation. Ein Lernprozeß mit Hindernissen, Wien 1984, S. 211

47 Widerstand und Verfolgung in Niederösterreich, hg. v. Dokumentationsarchiv des österreichischen Widerstandes, Bd. 3, Bearb. Heinz Arnberger – Christa Mitterrutzner, Wien 1987, Bd. 3, S. 88 ff.

48 Dr. Wilhelm Böhm, Prolegomena einer österreichischen Geschichtsauffassung, in: Österr. Monatshefte 1, 1945/46, Nr. 6, März 1946, S. 228 ff.

49 Ernst J. Görlich, Zum Problem der österreichischen Nation, in: Österr. Monatshefte 1, 1945/46, Nr. 10, S. 443- 445.

50 Josef Schöner, Wiener Tagebuch 1944/45, hg.v. Eva-Maria Csáky, S. 222 f.

51 August M. Knoll, Genius Austriae, in: Die Furche, Jahrbuch 1947, Wien, S. 259-265, hier S. 259.

52 Ebd., S. 261.

53 Ebd., S. 261.

54 Ebd., S. 264.

55 Robert Musil, Der Anschluß an Deutschland (März 1919), in: Musil, Gesammelte Werke, hg. v. Adolf Frisé, Bd. II, Reinbek 1978.

56 Schweiger, Österreichs Image, S. 30.

57 Bruckmüller, Nation, S. 114 f.
58 Stourzh, Vom Reich zur Republik, S. 49f.
59 Diem, Symbole, S. 148 ff.
60 Haller, Identität und Nationalstolz, S. 366 und 522..
61 Diem, Symbole, S. 206 f und 211 f.
62 Bruckmüller, Nation, S. 69 f; Haller, Identität, S. 98 ff und 458 ff.
63 Haller, Identität und Nationalstolz, S. 448 ff und 458 ff.
64 Diem, Symbole, S. 127 ff.
65 Bruckmüller, Nation, S. 114 f: Unter den österreichischen Autostereotypen stand 1984 »musikalisch« noch an dritter Stelle, 1994 war es glatterdings verschwunden. Der Große Musikvereinssaal wurde hingegen im Ausland eindeutig mit »Österreich« assoziiert, vgl. Schweiger, Österreichs Image, S. 30 f.
66 Vgl. Haller, Identität und Nationalstolz, S. 113.
67 Peter A. Ulram, Die Österreicher und die Sozialpartner(schaft). Ein empirischer Befund, in: Emmerich Tálos (Hg.), Sozialpartnerschaft. Kontinuität und Wandel eines Modells, Wien 1993, S. 131-145.

Der Autor

Ernst Bruckmüller, 1945 geboren, Studium der Geschichte und Germanistik an der Universität Wien. Von 1969 bis 1977 Assistent am Institut für Wirtschafts- und Sozialgeschichte, 1976 Habilitation. Ernennung zum außerordentlichen Universitätsprofessor 1977. Seit 1991 Vorsitzender des Insituts für Österreichkunde. 1996 gemeinsam mit Peter Urbanitsch wissenschaftlicher Leiter der österreichischen Länderausstellung »996 – 1996. Ostarrîchi – Österreich«. Wichtigste Publikationen: »Landwirtschaftliche Organisation und gesellschaftliche Modernisierung« (1977), »Nation Österreich (1984, 2. stark erweiterte Auflage 1996), »Sozialgeschichte Österreichs« (1985).